INSTRUCTION POPULAIRE

NOMMEZ-NOUS

ou

LES BIENFAITS DE L'EMPIRE

PAR EDMOND COURTIER,

Rédacteur en chef du *Journal de Senlis.*

> La politique, c'est notre argent, notre sang, notre honneur.
>
> Duc D'AUDIFFRET-PASQUIER (*Discours du 22 mai 1872*).

SENLIS

IMPRIMERIE ERNEST PAYEN

11, place de l'Hôtel-de-Ville, 11

1874

DIX CENTIMES

NOMMEZ-NOUS

ou

LES BIENFAITS DE L'EMPIRE

———

PRÉFACE

NOMMEZ-NOUS

Quatre ans après Sedan, les créatures d'Invasion III osent relever la tête.

Les jours d'élection venus, on voit leurs agents parcourir les campagnes, nous passant la main sur l'épaule, distribuant des photographies du petit Grenadier, colportant des brochures, nous faisant l'éloge de ce beau régime, sous lequel leurs patrons se gavaient, à nos frais, de pensions, de dotations et de sinécures.

Défions-nous, mes amis, de cette bande

d'aventuriers aux dents longues, habituée à croquer les meilleurs morceaux du budget.

Pour retrouver leurs rateliers bien garnis, ils n'épargnent rien, ni les intrigues, ni les promesses, ni les menaces, ni même l'argent. — L'Empereur en a rempli leurs poches ; voilà pourquoi ils parlent avec tant de feu des bienfaits de l'Empire.

Les uns se présentent le poing sur la hanche, commandant aux maires, insolents avec les préfets, ne reniant ni le guet-apens de Décembre, ni la capitulation de Sedan. Ils s'étalent.

Les autres se font humbles, se dissimulent, rentrent les coudes, débitent leurs balourdises d'un ton insinuant ; ils plaident les circonstances atténuantes.

Tous spéculent sur notre ignorance, sur notre peu de mémoire, sur nos mauvais instincts, sur notre paresse et notre indifférence politiques.

Ecoutez-les :

« Ah ! ça ! on va bien voter, j'espère. Nous allons rétablir l'Empire, mon brave homme, et vous serez heureux comme un coq en pâte. Hein ? comme on était tranquille sous l'Empire. L'Empereur était tout, voyait tout, réglait tout. Il choisissait le bon député; votre préfet vous le présentait; vous le nommiez; une fois nommé, il obéissait au maître. Pas de luttes! Pas de discussions! Partout l'ordre et le silence. A quoi sert de s'occuper de politique, pourvu qu'on gagne de l'argent et qu'on fasse de bonnes affaires? Souvenez-vous de Celui dont les malheurs n'ont pu effacer les bienfaits. Nommez-nous, nous ses amis, et le bon temps reviendra, et tout marchera encore comme sur des roulettes. »

Mon Dieu, oui! nommez-les, rétablissez l'Empire, et tout marchera encore comme sur des roulettes... jusqu'à un nouveau Sedan.

Car, voilà la vérité.

On oublie ses devoirs de citoyen; on confie le sort du pays à un despote sans contrôle; on vote niaisement pour les complaisants ou les complices qu'il vous présente comme candidats officiels; et l'on s'endort; — mais, un triste jour, on est subitement réveillé par le canon de l'invasion et par le bruit formidable de la nation qui croule.

Il avait bien raison cette fois-là, M. le duc

d'Audiffret-Pasquier, quand, le 22 mai 1872, il s'écriait, condamnant à la fois et notre indifférence politique et ceux qui en avaient si misérablement abusé :

— « La politique, c'est notre argent; la politique, c'est notre sang; la politique, c'est notre honneur. »

Notre argent, notre sang, notre honneur, nous allons voir ce qu'ils sont devenus sous ce régime dont quelques effrontés ont l'audace de nous vanter la prospérité, les bienfaits et la gloire.

CHAPITRE I

NOTRE ARGENT

I

Examinons cette fameuse prospérité matérielle, dont les bonapartistes nous rebattent les oreilles.

A qui était-elle due surtout, cette prospérité, si ce n'est à vous-mêmes, à vos bras, à votre travail, à vos efforts intelligents, à votre économie, à toutes ces qualités, éminemment françaises, qui, sous n'importe quel régime ayant seulement quelque apparence de solidité, produisent nécessairement la richesse ? Sous la République, présidée par M. Thiers, l'industrie et le commerce n'étaient-ils pas plus florissants qu'aux plus beaux jours de Napoléon III ?

Nous ne parlons ni de l'épargne amassée

pendant les trente années de paix qui ont précédé l'Empire, ni de la construction des chemins de fer, qui, en sillonnant le pays, ont donné un élan, considérable et inconnu jusqu'alors, au commerce et à la production.

Ce n'est pas Napoléon III qui a inventé les chemins de fer, n'est-ce pas ? pas plus d'ailleurs qu'il n'a inventé la poudre..... dont il s'est tant servi.

Qu'on ne nous présente donc plus cette prospérité comme un bienfait de l'Empire.

Elle aurait été aussi grande, plus grande sous tout autre régime. Elle était la conséquence de notre travail et du progrès.

L'Empire n'y a été pour rien. L'Empire ne l'a pas créée.

Il en a profité.

Disons mieux ; il l'a compromise.

Il l'a compromise, par ses illégalités, ses gaspillages, ses dilapidations, ses guerres inutiles et funestes.

Il l'aurait tuée, en 1870, si la France, cette poule aux œufs d'or qui a si bien pondu pour Napoléon III, n'avait les reins solides et la vie dure.

La France a résisté ; mais l'Empire l'a si bien saignée aux quatre veines, elle a perdu tant de milliards par ses blessures, qu'elle en restera longtemps encore accablée.

Comptons un peu.

Les chiffres sont éloquents — et implacables.

II

Les dépenses du budget de 1870 dépassaient de 550 millions environ les dépenses correspondantes du budget de 1850.

Nos charges s'étaient donc accrues de plus *d'un demi milliard par an.* En vingt ans, l'Empire nous avait coûté dix milliards de plus que la République.

C'était là sa façon de nous enrichir.

Où étaient passées ces sommes énormes ?

« L'Empire, c'est la paix, » avait dit Napoléon III, en 1852, pour nous enjôler.

Or son règne ne fut qu'une longue suite de guerres.

Guerre de Crimée, qui n'a servi qu'à nous aliéner les sympathies de la Russie. Carte à payer : un milliard 660 millions.

Guerre d'Italie, qui a créé, aux portes de la France, une nation puissante dont l'Empire n'a pa su se faire une alliée, et qu'il a jetée dans les bras de la Prusse, en maintenant à Rome les troupes françaises et en empêchant ainsi les Italiens d'entrer dans leur capitale. Carte à payer 660 millions.

Expéditions en Chine, en Cochinchine, en Syrie. Carte à payer, 300 millions.

Expédition du Mexique, entreprise pour être agréable aux courtisans porteurs de bons Jecker. Résultats : mort de Maximilien, humiliation de nos armes. Compensation unique : enrichissement de Morny, de Rouher et de Bazaine. Carte à payer : 600 millions. Il est vrai que M. Rouher appelait cette guerre « la plus grande pensée du règne. » Une grande pensée vaut bien 600 millions.

Nous nous demandions ce qu'était devenu notre argent. Vous le voyez; on le jetait dans le gouffre des folles aventures.

III

Il fallait bien aussi entretenir l'Empereur, et la bande affamée, qui, après le coup du Deux Décembre, s'installa commodément chez nous, comme en pays conquis. Traitement de l'Empereur : 25 millions par an, — 70,000 francs par jour — sans compter la jouissance d'une foule de châteaux, de parcs, de fermes, de forêts.

Dotation annuelle de la famille impériale : 1 milion 500 mille francs, sans compter les accessoires.

Ministère de la maison de l'Empereur : 500 mille francs.

Haute paie de la garde impériale : 4 millions.

Plus trente mille francs par an à chaque sénateur.

Plus les pensions aux grands fonctionnaires.

Plus les millions distribués aux parents besoigneux.

Plus les cadeaux gracieux aux amis, les deux millions, par exemple, offerts au duc de Mouchy lors de son mariage avec la princess e Anna Murat.

Nous en passons encore.

Toutes ces dépenses peuvent être éva luées à 50 millions par an ; 50 millions qu'il faudr ait encore sortir de nos poches, si le petit Grena dier revenait, suivi de son personnel au grand appétit.

IV

Le Corps législatif votait tous les ans 400 millions pour entretenir une armée de 400 mille hommes, et pour transformer notre armement.

Or, en 1870, comment se fait-il que, au lieu de 400 mille soldats inscrits au budget, il n'y en avait que 200 mille à peine prêts à entrer en campagne? Comment se fait-il que, au lieu de dix mille canons, il n'y en avait que deux mille dans les arsenaux et dans les forteresses; au lieu de trois millions de fusils chassepot, un million; au lieu de trois cent mille paires de souliers à Lyon, trente-trois? Comment se fait-il qu'il n'y avait dans les magasins ni biscuit, ni fourrage, ni avoine, ni couvertures, ni capotes, ni voitures, ni cartouches, ni approvisionnements d'aucune sorte?

« Tout est complétement dégarni » écrivait le commandant du 4ᵉ corps au major-général, le 24 juillet 1870.

Les dépêches des généraux sont navrantes.

Elles se ressemblent toutes, d'ailleurs.

« Nous manquons de tout. »

Mais alors, à quoi avait-on dépensé les 400 millions annuels du budget de la guerre ?

Quoi ! deux cent mille hommes inscrits au budget, tant de fusils, tant d'équipements militaires, tant d'approvisionnements, tant de canons disparus, escamotés, comme une simple muscade !

Les hôtes des Tuileries, petits et grands, auraient pu donner des leçons au plus habile prestidigitateur.

V

Et cependant, au mois de juillet 1870, le maréchal Lebœuf, ministre de la guerre, disait :

— « Nous sommes prêts, cinq fois prêts. D'ici à un an, nous n'avons pas un bouton de guêtre à acheter. »

— « Nous entreprenons la guerre d'un cœur léger, » s'écriait M. Emile Ollivier, ministre de la justice.

Et malgré les sages conseils de M. Thiers, que les bonapartistes accusaient d'être vendu à Bismark, on a déclaré la guerre à la Prusse par coup de tête, sans réfléchir, comptant sur cette triste étoile impériale qui avait déjà éclairé deux invasions, qui devait en éclairer une troisième, plus terrible encore que les deux autres.

Cette guerre, vous savez ce qu'elle nous a coûté.

Dix milliards.

Dix milliards à ajouter aux autres milliards gaspillés pendant les vingt années de prospérité.

Et nous n'avons parlé ni des emprunts mexicains, ni des autres spéculations véreuses recommandées par l'Empire, dans lesquelles allaient s'engloutir les épargnes des pauvres gens trop crédules.

Qu'on nous vante encore la prospérité de la France sous Napoléon III !

Nous saurons ce qu'il faudra répondre.

En allant chez le percepteur payer les nouveaux impôts, nous pourrons dire :

« Nous payons la folie de ceux qui, en 1851, on laissé renverser la République ; qui, pendant vingt années, ont, par indifférence politique, donné leur voix aux créatures de l'Empire. »

CHAPITRE II

NOTRE SANG

I

Napoléon III, qui était si peu économe de notre argent, était encore moins économe du sang de ceux qu'il appelait ses sujets.

Son apprentissage de la guerre, il l'avait fait au Deux Décembre, en mitraillant, sur les boulevards de Paris, une foule curieuse et inoffensive, en fusillant ou en déportant tous ceux qui n'étaient pas de son avis.

Ce fut la première satisfaction qu'il donna à ses instincts militaires.

Depuis, il se plut à semer les cadavres français aux quatre coins du monde.

Etait-ce pour défendre la patrie attaquée qu'il

envoyait périr cent mille hommes en Crimée, vingt mille en Italie, cinquante à soixante mille en Chine, en Cochinchine, et au Mexique?

Que voulez-vous? Il y a des nécessités inexorables.

Il fallait bien entreprendre des guerres ruineuses et inutiles pour faire oublier au pays, par une apparence de gloire menteuse, les tristesses et les hontes de l'oppression et du despotisme.

Et puis, ne devait-il pas s'efforcer de ressembler au fondateur de sa dynastie?

Parce qu'il sacrifiait des milliers de soldats à ses caprices, le héros de Magenta, qui s'était laissé si sottement surprendre par les Autrichiens, se croyait un grand capitaine, comme son oncle.

Hélas! il n'était qu'un Napoléon Ier, moins le génie. « Une belle médiocrité méconnue », selon le mot du prince Gortschakoff.

II

Ce fut cette « médiocrité » qui, en 1870, prit le commandement en chef de notre armée désorganisée avant d'avoir combattu, et qui dicta le plan de campagne.

Ce fut cette « médiocrité » qui morcela nos deux cent mille hommes en huit corps et eut l'art de les disséminer sur une étendue de soixante-dix lieues, le long de la frontière, de façon à les faire écraser plus facilement l'un après l'autre par les masses allemandes.

Ce fut cette « médiocrité » qui au lieu de revenir sur Paris, après les premières défaites, comme le conseillaient Trochu et Mac-Mahon, traîna les débris de notre armée à Sedan, dans cet entonnoir où elle devait être écrasée par l'artillerie ennemie, placée sur les hauteurs voisines.

Ce fut cette « médiocrité », dont les interminables bagages avaient entravé la marche de nos troupes, qui, à Sedan, au lieu de se mettre au milieu de l'armée et de tenter un effort suprême, comme le lui demandait le général de Wimpffen, fit hisser le drapeau blanc et rendit son épée à son « bon frère » le roi Guillaume.

Et pendant que 80 mille Français prisonniers étaient parqués dans la presqu'île d'Iges, entassés durant quinze jours sur un sol détrempé par les pluies torrentielles, sans abris, sans vivres, mourant de faim et de froid, lui, Napoléon III, la première cause de ce désastre, fumait placidement sa cigarette à Donchery, et cherchait à se justifier devant le Prussien, en disant qu'il n'avait pas voulu la guerre, mais que la France l'avait forcé à la faire. (Rapport de M. de Bismarck.)

Façon chevaleresque de dire :

— « Ecrasez la France si vous voulez, c'est elle qui est coupable ; quant à moi, qui suis innocent, traitez-moi bien et rendez-moi plus tard ma couronne. »

III

Grâce aux lettres de M. de Gramont, ministre des affaires étrangères en 1870, nous savons maintenant quel est le véritable auteur de la note lue à la tribune dans la séance du 6 juillet, note qui a été la véritable déclaration de guerre.

Cette note avait été rédigée la veille par MM. de Gramont et Emile Ollivier dans un sens tout pacifique ; Napoléon III lui-même semblait alors décidé à ne pas froisser la Prusse par un langage trop menaçant.

Mais le matin du 6 juillet, l'empereur avait changé d'idée. Alors, il discute la note ; il biffe, il rature, il donne aux phrases une allure plus belliqueuse ; il en fait enfin cette déclaration qui éclata en Europe comme un coup de tonnerre.

Pour que personne ne puisse mettre en doute la vérité de son récit, M. de Gramont ajoute : « La minute des changements apportés à la première rédaction a été conservée et *la main qui les a tracés en garantit l'authenticité.* »

Et c'est cet homme qui, après avoir précipité son peuple dans l'abîme, avait l'audace de dire à M. de Bismarck : « Ce n'est pas moi qui ai voulu la guerre ; c'est la France. »

La France, mais elle voulait la paix, et la preuve c'est que sur 86 préfets consultés le 7 juillet, 71 déclarèrent que les bruits de guerre avaient épouvanté les campagnes. Leurs rapports ont été publiés par le *Journal officiel.*

La preuve, c'est que, pour exciter ce pays qui désirait la paix, il a fallu le tromper et lui dire que le roi Guillaume avait insulté la France, en refusant, le 14 juillet, de recevoir notre ambassadeur, M. Benedetti. Or cette prétendue insulte était un mensonge inventé par le ministère.

M. Benedetti a raconté depuis qu'il avait toujours été bien accueilli par le roi de Prusse.

L'auteur de la guerre, c'est l'Empereur.

L'auteur de la guerre, c'est l'Impératrice, qui s'écriait : « C'est *ma guerre*, à moi ; il me la faut pour mon fils. »

Les auteurs de la guerre, ce sont les familiers qui entouraient l'Espagnole, et qui lui conseillaient, pour écraser l'opposition, d'en revenir à la terreur de 1852 et de redonner du prestige à l'Empire, en le retrempant dans la victoire.

IV

« Il me la faut pour mon fils. »

Ainsi, c'est dans l'intérêt de Napoléon IV ; c'est pour que le « petit » ramasse une balle à Sarrebruck et se couvre de gloire ; c'est pour que le filleul du Pape puisse, sans contestation, mettre la main sur la liberté et gouverner la France en despote ; c'est pour des motifs aussi nobles et aussi patriotiques, que vos maisons ont été incendiées et vos champs dévastés, que notre pays a été pillé, ruiné, amoindri, que tant de milliers de braves jeune gens ont péri, mutilés et massacrés sur les champs de bataille, ou morts de misère dans les forteresses de la Prusse !

CHAPITRE III

NOTRE HONNEUR

I

Assurément, l'Empereur et ses courtisans n'ont rien épargné pour que la France ait à rougir devant l'Europe.

A Sedan, c'est l'Empereur qui fait mettre bas les armes à 80 mille Français en rase campagne.

A Metz, c'est Bazaine, ce Bazaine que le petit Espagnol embrassait dernièrement pour le récompenser sans doute de sa belle conduite, c'est Bazaine qui livre aux Prussiens 150 mille hommes, nos canons, nos fusils, nos drapeaux, et cette forteresse imprenable, qu'on pouvait appeler le rempart de la patrie.

L'humiliation est-elle assez complète?

Voilà le cas que faisaient nos maîtres de l'honneur de la France.

Que la France devienne la risée du monde, pourvu que ces messieurs puissent conserver l'espoir de régner sur ses débris !

Heureusement la France est une nation fière.

Elle s'est redressée sous l'outrage.

Les Français, si mal commandés, si mal organisés, se sont battus partout comme des héros. Un contre deux, souvent un contre trois, ils ont vaillamment résisté aux masses ennemies. On les avait entraînés à la honte ; ils ont trouvé le moyen, à force de courage, de rendre glorieuses même les plus épouvantables défaites.

Après le 4 septembre, leur résistance a fait l'admiration de tous. Pendant cinq mois, sur la Loire, dans le Nord, à Paris, des armées improvisées ont tenu en échec les plus solides troupes allemandes.

En signant cette paix douloureuse, qui lui enlevait cinq milliards et deux provinces, la France pouvait dire encore : « Tout est perdu, excepté l'honneur. »

II

Il dépend de nous que notre honneur sorte tout à fait intact de cette formidable crise.

Nous avons vu à quoi s'expose une nation quand, par indifférence politique, elle remet le soin de ses affaires à un seul homme.

Nous avons montré les fautes et les crimes de l'Empire.

Mais la France aussi a été coupable.

Elle a été coupable en votant pour l'Empire, après le 2 décembre, coupable en envoyant, pendant vingt ans, au Corps législatif, les créatures de l'Empire, coupable en soutenant, moins par véritable sympathie que par crainte d'une révolution, un régime qui supprimait la liberté pour prodiguer notre sang et notre argent sans contrôle.

La leçon a été dure.

Sachons en profiter.

Le jour où nous aurions la faiblesse et la sottise de rappeler ces Bonaparte qui nous ont déjà fait tant de mal ; le jour où nous livrerions notre patrie, sanglante encore, à un petit despote qui, pour tâcher de ressusciter le prestige anéanti de sa race, nous précipiterait, sans nous consulter, dans de nouvelles aventures; le jour où nous tomberions dans le traquenard que nous tendent les hommes ineptes ou traîtres à qui nous devons la perte de tant de milliards et le démembrement de la France, ce jour-là nous mériterions le mépris de l'Europe.

Nous serions deshonorés.

III

Ayons la sagesse et le courage de nous gouverner nous-mêmes.

Ne retombons jamais dans un affaissement semblable à celui d'où nous sortons.

La République, c'est la nation maîtresse de son sort; c'est le peuple ayant seul le droit de déclarer la guerre; c'est le gouvernement à bon marché.

Qui a fait le paysan libre, qui lui a donné un foyer, une famille, un champ, qui l'a créé électeur et citoyen, qui l'a rendu véritablement homme et Français? La République.

Votons pour les candidats républicains.

Vous avez vu ce qu'elle a fait, cette République, sous la présidence de M. Thiers.

En moins de trois ans, elle a réorganisé notre armée, elle a vaincu la Commune, elle a été un gouvernement de liberté, d'ordre et de travail, en un mot, elle a si bien relevé la France qu'un emprunt colossal, inouï, a trouvé dans l'Europe dix fois plus de souscripteurs qu'il n'en fallait.

Aujourd'hui, si on avait laissé M. Thiers organiser la République définitive, nous serions sauvés.

Votons pour des candidats républicains comme M. Thiers.

Et quand les bonapartistes sans pudeur nous demanderont nos voix, nous leur répondrons :

« — Nous avons perdu quinze milliards, deux provinces, plus de trois cent mille hommes. C'est assez. Passez votre chemin.

« Nous sommes assez instruits par les malheurs de la patrie, nous serons assez sages pour nous gouverner nous-mêmes.

« Notre honneur l'exige.

« Et aussi notre intérêt. »

E. COURTIER.

Saint-Christophe, 23 octobre 1874.

Sens. — Impr. E. Payen.

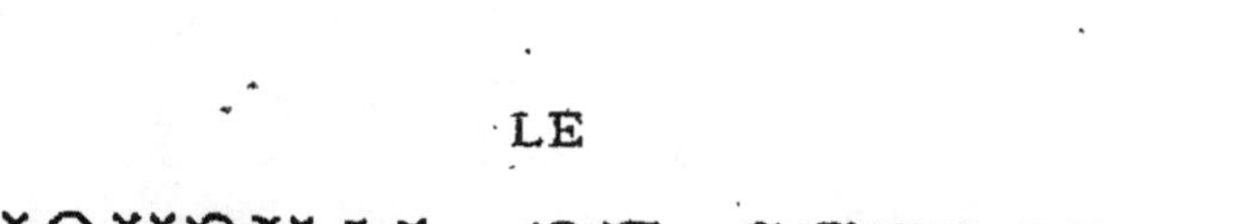

Politique, Industriel, Commercial, Agricole, Financier, Littéraire,

Paraissant le Dimanche et le Jeudi.

PRIX D'ABONNEMENT :

POUR SENLIS :		DÉPARTEMENT DE L'OISE ET LIMITROPHES :	
Un an	14 fr. » »	Un an	16 fr. » »
Six mois.	7 » »	Six mois.	8 » »
Trois mois . . .	4 » »	Trois mois . . .	4 50

Le *Journal de Senlis* est un des journaux les plus complets de province. Outre des *articles politiques* sur toutes les questions du jour, on trouve dans chaque numéro des *échos de Paris*, le résumé des feuilles parisiennes les plus importantes, des *informations* sûres, des *faits divers* intéressants, un *feuilleton* choisi parmi les meilleures œuvres contemporaines, le *cours des marchés*, etc.

Il a de nombreux correspondants dans le département, et il publie tout ce qui se passe d'important dans chaque commune.

Il publie aussi les comptes-rendus de la police correctionnelle et de la cour d'assises.

Enfin, il suffit de le lire pour être au courant de toutes les nouvelles.

On s'abonne aux Bureaux du *Journal de Senlis*, place de l'Hôtel-de-Ville, à Senlis, par une simple lettre d'adhésion.